BORRAR
EL SILENCIO

SONÁMBULOS
EDICIONES

BORRAR EL SILENCIO
Colección MACASAR

Primera edición: marzo de 2025

© De los poemas ¬ Ana Delgado
© Fotografía de portada ¬ Joaquín Puga
© Diseño de la colección ¬ Daniel Fajardo
© SONÁMBULOS Ediciones

www.sonambulosediciones.com

ISBN: 978-84-129639-6-0
Depósito legal: GR 392-2025

Impreso en España

BORRAR EL SILENCIO

ANA **DELGADO**

MACASAR
COLECCIÓN

A Abril, Mara, Lola, Irene.
A todas mis mujeres.

PRIMERA Y ÚNICA

Nunca mujer alguna estará tan cerca de mí
Annie Ernaux

¿Cómo volver allí, cómo volver?
Fina García Marruz

Lo sabes de esa forma inexplicable
Francisca Aguirre

Ocurren pasos de gigante,
pasos decisivos,
saltos de una anchura infinita.
Una grieta que marca la noche
y separa dos momentos,
el pasado, largo y conocido,
el futuro, radicalmente incierto.

Una llamada en la noche
anuncia ese segundo,
no ayer, no mañana,
ese.

—*Tu madre ha muerto.*

Seguiré caminando hasta encontrar tu sonrisa,
buscando esa dulzura que tan bien ocultabas
y tanto necesito.

No sé
si me atreví a mirarte
cuando el miedo atenazaba para siempre las llanuras,
 extensión de días,
 longitud de auroras,
 asoladas estaciones.

Frío de un abrigo, de un corazón,
inmisericorde herida,
 huella tajante,
 afilado acero
que separa dos vidas,
la que me diste y la que he tenido.

Quisiera ser una llama
          en tu vida,
solo eso.
Y recordarte antes de mí
volando, jugando, rompiendo,
con una intención más allá de lo nuestro.
Conocer tu otro lado,
el más secreto, alegre,
indómito, verdadero. Territorio
que hubieran ocupado
          tus sueños.
Haberme instituido heredera de un anhelo
que, a la luz,
pudiera brillar en mi memoria,
la que hoy
          tengo de ti.

LO OCULTO

Las vidas secretas de nuestras madres
       viven,
fecundan lo que será,
lo que fue,
       lo que nunca ha sido.

Retazos de frases
y significados a medias.
Hechos antiguos, rotos y vueltos a restaurar
recorren un tiempo que los aleja,
duermen una vida oculta
       y viva en su memoria,
transcurren solo en su corazón
y a ellas les pertenecen.

Y tú, tú, heredera,
renuevas la mezcla dulce de olores
que se desprende de una foto,
       de una canción,
saboreas el secreto más oculto
y el cuento más remoto
       engrandecidos hasta el absurdo.
Hasta que se apaga la luz
cuántas horas tiene
       un día de madre.

Abandono
una orfandad en que alguien
me ha dejado
alguien que fue
        y no fue.

Abandono real
y ajeno a la realidad
        no otro
con quien encontrarme
        fuera de mí.

Abandono
que sigue amenazándome
si levanto el cuerpo o la voz.
Lo voy abandonando
        y aún no me abandona.

La gran falta
        ¿es de nuestra madre?
¿alguien puede llenar nuestro vacío?
        ¿la madre?
Yo también
he sido injusta con mi madre.

Tal vez la infancia es más larga que la vida
Ana María Matute

Lo sueño, vamos paseando,
al fondo de la vereda hay una gran casa,
un hermoso hogar
remedo de nuestra casa de la infancia,
con sus escaleras de mármol
para leer en el tórrido verano,
con su frío helado, solo vencido
en la cama, pegada a mi hermanita,
con su pequeño limonero
y sus gatos callejeros
que invaden la casa y paren en los armarios,
gracias a nuestro descuido
y a su astucia.

Casa abierta, de par en par,
siempre ofreciendo,
        un vaso de vino en la cocina,
entiéndase,
un vino barato y delicioso,
        un baile en el pequeño jardín
¡ay! con tus manos en mi cintura,
        una habitación para el estudio
donde aprendimos más de los juegos
que de los libros.

Y siempre, la que abría las puertas,
        era mi madre.

Era mi madre,
a ratos, dejaba de ejercer.
Siempre he pensado que con menos frecuencia
de lo que hubiera deseado.

ABRIGO

Mi madre estaba preocupada por el frío, en la Granada de nuestra infancia el frío arreciaba al llegar el invierno y nos duraba meses. Las noches eran especialmente frías y amenazantes, según mi madre era de imperiosa necesidad "taparse la boca" para salir de casa. Nunca olvidaba su consejo cuando veía que íbamos a la calle.

Un día frío, aunque no tanto como los de mi infancia, recuerdo este deseo de protección de mi madre, mediado por sus palabras "Tápate la boca que hace frío".

Aparecen de pronto estas palabras de mi madre y las relaciono con el discurso de Herta Müller, cuando recibió el Nobel de literatura en 2009, *Cada palabra sabe algo del círculo vicioso*. Cuenta Herta Müller: "*¿Tienes un pañuelo?* me preguntaba mi madre cada mañana en la puerta de casa, antes de que yo saliera a la calle. Yo no tenía el pañuelo, y como no lo tenía, regresaba a la habitación y sacaba un pañuelo. No tenía el pañuelo cada mañana, porque cada mañana aguardaba la pregunta. El pañuelo era la prueba de que mi madre me protegía por la mañana. A otras horas del día, más tarde o en otras circunstancias, quedaba a merced de mí misma. La pregunta *¿Tienes un pañuelo?* era una ternura indirecta".

Sabemos lo que creemos no saber. Yo creía no saber qué significaban esas palabras de mi madre y casi las tenía en el olvido. Hasta que un día de frío, sin saber porqué, recordé este tributo a la maternidad que escribió Herta Müller. Y, cubriendo mi boca, sentí el abrigo de las palabras de mi madre.

Madre,
nadie heredará el gesto
ese que me diste.

Mi madre se me viene como una presencia
que no es recuerdo ni pasado.
Ella está ahora en cualquier lugar
desde el que llega a mí, aparece
sin previo aviso, regresa
a su hija-casa.

Le hablo, le cuento lo bueno que me está pasando,
le enseño cómo es ahora esta vida
que a veces distrae su rumbo.
Puede que solo se siente conmigo
a contemplar este rato de mañana soleada
mientras la abrazo sin cautela ni recelo.

Hice limpieza de rincones, armarios
y ropa vieja, aclaré con agua fresca
un dolor que solo era mío.

Me he curado de mi madre
y la amo más que nunca.

También la tengo más que nunca.

mi madre huidiza
mi madre soñando
mi madre agresiva
mi madre cuidadora
mi madre ofreciendo
mi madre dando
mi madre exigiendo
mi madre callada
mi madre añorando
mi madre

(CÓMO) SER MADRE

Daría mi dinero,
daría mi vida por mis hijos,
pero no me daría a mí misma
Kate Chopin

ABANDONAR EL PASADO

Justo mi corazón suspendido en un suspiro,
no frío, no caliente,
con un peso de espera y yo sin llegar a mí.

Vuelvo la mirada,
araño un pasado inalcanzable, esquivo,
jugando contigo
            y alejada de mí.
Un tiempo remoto que busco rescatar
y se escapa como el agua por las fisuras de la memoria.
Un tiempo en que andaba huidiza por plazas y azoteas
que me eran extrañas,
sin hallar mis propios días con sus noches,
perdida de mi deseo y alzando antorchas inútiles,
hueras, efímeras,
quemándome sin calor ni luz.

Así fui errante.

Según el canon
        no he sido una buena madre
según mi corazón
        he sido la mejor madre.

No encontré espejos ni reglas
donde poner los ojos y descansar la confianza
a los que dar crédito.

Solo escuchaba un mandato
lejano a mi juicio y mis posibilidades
modelo apuntalado por una idealización
que sepulta los cimientos de lo verdadero.

Busqué poner en orden una amalgama de leyes
y un confuso caos clavado en mis entrañas.

Empapada por lo propio
imaginé la madre que buscaba ser
una madre semejante y dispar.

Casi ahogada
        saqué la cabeza
aplastando las señales codificadas
abriendo algún cauce, alguna vez, solo a medias
para no dejar cicatrices.

Como escapamos a la madre
el hijo se nos escapa.
Inmenso deseo del otro
y, sin embargo, inmensa separación.

Me enorgullezco de no ser *buena madre.*

Enseñé a mis hijos a rebelarse contra la costumbre
que hace de las mujeres resignadas y sufridoras madres.
Renunciantes de sí mismas.

ELECCIÓN

I.
Un mandato invisible ronda en torno a ti
dudas y, sin darte cuenta, ya has elegido.

II.
No existe *La madre*
imposible concebir un modelo donde mirarse.

III.
Privilegio de la madre y del hijo, desear y ser deseado.

IV.
Ser o no ser madre
ninguna elección te anula
hace estéril tu existencia.

No te recordarán por la cena que preparabas.

La casa inundada de libros
crecer en largas conversaciones
        que germinaron años más tarde
esa es la herencia.

Momentos de gloria
cuando paras de ser madre
descansas
te retiras a ti misma, a tu burbuja de intimidad.

Y puedes pensar, quizás,
que has sido madre.

NUESTRO MAR

Las mujeres sabemos de vínculos y eso también es político
Rita Laura Segato

Medio mundo de engaño conociste
y el resto fue mentira
Ángeles Mora

Experiencias compartidas,
mujeres de aquí y de allá
me devuelven otra historia,
habitan un mundo ignorado, lleno
de pedazos de silencio y de rabia,
trazan un relato que me afirma y
apenas alcanza la luz,
el aliento de estos días.

El río fluye por un cauce oculto
que se ensancha con el tiempo,
atraviesa la roca pedernal,
rompe los muros de hormigón que las leyes levantaron,
socava las creencias que nos ceñían las alas,
emerge,
vibra en mi cascada
y va hasta un mar sin límites.

Nuestro mar.

Nuestra búsqueda,
el cauce y los meandros
de un ir
y venir
y seguir avanzando,
a tientas a veces,
a veces claras,
otra vez sumergidas
en un nosequé a dónde nos conduce,
y, a instantes,
sintiendo que la idea se hace luz
en la fragilidad de nuestros cuerpos.

Ellas son yo,
la vida que eligieron,
la muerte como salida.

Telas, versos,
epístolas, campos,
canciones de cuna.

El beso que ata al hijo
y la mano que lo suelta.

Anhelo que trepa el muro,
corazón no preso por el amo,
madres con deseo,
torrentes de vida invisible.

En medio, yo.

FONDO Y FORMA

A Esperanza Romero

El hueco hace la luz.

Por la curva suave
resbala la magia y la caricia final.

Sube la forma ovalada
y toca el cielo
        de nuestro deseo.

Una base sólida,
firme, sin duda,
sostiene nuestro cuerpo interior
        a prueba de vendavales.

Uniones enlazan figuras
y evocan vínculos sagrados
        entre seres carnales.

Blanco y negro, sobre todo blanco y negro,
hablan de lo claro y lo oscuro
        que nos habitan desde el origen.

Lo humano, siempre discreto,
mira humilde la grandeza del mundo que lo rodea
y lo trasciende
        en una armonía plena de sentido.

MARÍA

Me preguntó por el agua con sal
mirando los nudos
que rompían sus manos.
Le conté
que somos una membrana con los poros abiertos,
permitiendo el paso.

    Ósmosis
es el nombre que le dan
a las filtraciones del alma.

Pepa,
su mirada generosa y despierta
opaca
al paso de la enfermedad

la *Tregua* que la amarró a la vida
fue el calor y el ladrido compañero
una *Prenda* que trajo el juego
y la fuerza que le arrancó al tiempo

seres que abandonó sin aviso
         yo
con su ausencia.

LÍNEA N9

La pobreza sube a mi autobús,
no es la primera vez que la veo, claro,
pero hoy me mira de frente,
trae el rostro más cansado y
viene sola.
Otros días llega con su madre,
las dos tienen una marca,
levantan una sospecha
que las hace inconfundibles, únicas,
tienen el mismo cuerpo, no,
tienen dos cuerpos
que podrían ser el mismo,
un cuerpo deforme que te impele
            a no mirar,
huida inhumana, vergonzante
y, por eso,
            oculta y callada.

Supongo que hoy
habrán comido mucho, habrán comido mal,
hoy también habrán sentido un hambre
que no se calma por la boca,
y ellas lo saben.

TÍA MERCEDES: pregunta

Pasan los años y lo ves,
vislumbras que hay un secreto,
indagas, preguntas,
te atrae, lo buscas
pero no se deja atrapar.
No hay luz que lo ilumine,
no hay palabra que lo desvele,
no hay camino que lo señale.

Sabes que importa en tu vida
y nunca lo conocerás.
Esa oscuridad alumbra lo que eres,
te sientes cerca de ella
y su cárcel
ha sido tu puerta de salida.

TÍA MERCEDES: condena

Un blanco hiriente
que sangra por los ojos, tus ojos,
la sala es blanca,
la cama es blanca, la ropa es blanca,
los pasillos, largos y vacíos, son blancos,
los altos ventanales tienen cristales opacados
por una oscuridad
que oculta un interior frío y blanco.

Tú estás allí, por tu bien,
sentencian tu padre y un médico ilustre.
Has renegado de tu condición
y de las condiciones,
signo y síntoma de tu locura.
Mente errática, amor extraviado,
disparate existencial, pecado imperdonable,
letanía de errores que te conduce,
sin duda,
a una camilla y un artificio que destroza tus nervios
para devolverte el juicio
y restablecer tu traicionada feminidad,
tu debido ser.

Para que tu decisión sea la piedra
que se hunde en el río y desaparece sin dejar huella,
anularla y anularte.

LA CASA

Metáfora que alumbro
y ya existe
significa cuerpo
mente
trama
relato de mujeres que han hablado
de una íntima morada que revela o esconde
el afuera y el adentro.
Alegoría nacida en un sueño
        huida y refugio.

Yo soy la casa.

ANDABA POR VEINTITANTOS

No le puede ir mejor
        a esa chica
porque yo he sido razonablemente feliz.

Tuve amor
largo tiempo recorrido,
duramente olvidado.
Tuve amigas y miradas compañeras
de búsquedas y lealtades.
Tuve vicios inconfesables
que no diré aquí, por el qué dirán.
Hubo hombres que me amaron
y no supieron amarme,
y lo supe.
Aprendí de la soledad, la mejor amiga de una misma.
Viví la incertidumbre de un mañana
que siempre acabó amaneciendo.

Y, lo que es más,
nuestro futuro es comparable
por desconocido.

ADELA

Te da la vida
esta niña
        mira
y se expande el mundo
        balbucea
pero dice
        ríe
y se alegra el alma
        pide
sin dejar espacio a la duda.

Deseas ser ella.

No quiero volver a olvidar a Louise,
ella es todo lo que tengo
Louise Bourgeois

La incondicionalidad se pierde
ni con una misma tiene futuro
o es entre dos
o no es.
No estoy como madre
como amiga, amante o compañera
o estoy como yo
o no estoy.

AMIGA MÍA

Se ha perdido
lo busco
     abandonada al calor naranja y azul
lo busco
     avanzando por una solitaria cinta gris
lo busco
     entre sueño y sueño.
Hurgo en mi corazón preguntando por él
siguiendo el pálpito de un recuerdo.
Se ha perdido, tu amor.

Qué evocas en mí,
inocencia, fuerza, determinación,
una mirada hacia delante,
hacia la vida. Incansablemente a la vida.

Te veo pequeña, segura,
te siento plena, confiada,
sé que tu fe
              traspasa el cristal del bus,
que el coraje
              sostiene el volante entre tus manos,
que el futuro
              mueve tu cuerpo y tu decisión.

Las mujeres que suben
ocupadas, tal vez preocupadas,
hacen una parada dentro de ellas,
en lo más recóndito, y toman nota,
ahora sí, te ven y se ven,
hay una huella entre las que fueron y la que eres,
despiertan.

Te contemplan, te reconocen,
te comprenden, incluso te aman. Aunque tú
nunca conocerás sus vidas.

Nada que tú no puedas solucionar
El sueño eterno

Tan sencillo,
tan todo está en ti,
absoluto que llenas el gran vacío.
Alguien que ocupa el corazón,
el tiempo,
los deseos y las carencias.
Fantasía que se cumple
con solo una presencia,
la mirada del hombre.
Yo no soy ella,
Howard Hawks no pensaba en mí.

El hogar es lo que nos habla,
lumbre, sábana, agua tibia
o mosca inconsolable.

Las gatas suben y bajan,
siguen mis pasos por la casa,
piden, preguntan, ronronean,
alegran el silencio y lo habitan,
sacan mi mejor palabra,
la más preciada
            en el corazón del hogar.

Hay lugares comunes para todos los gustos,
lugares en los que caminas
y no te pertenecen,
lugares que conoces o lugares extraños
además de comunes.
Algunos te hacen sentir cómoda,
otros te envenenan por dentro.
Lugares que compartes y no te importa,
lugares que te comparten y te hastían.
Lugares en apariencia inofensivos
que ofenden la razón.

Hay muchos ejemplos de lugares comunes
y no todo el mundo puede verlos,
incluso ciertas cegueras con buena vista
cuelgan en ellos la etiqueta de originales.
Pero algunos lugares comunes, para algunas,
son un lastre insoportable en la vida cotidiana.

Si denuncias los lugares comunes
eres anatema,
así que te conviene saltártelos disimuladamente,
cuando nadie esté mirando.

EL OLOR DE LA NUBES

A Andrea Villarrubia

La injusticia de la justicia.
Esas mujeres están allí,
yo podría ser una de ellas,
ellas podrían ser tú,
cualquiera.
Entraron porque un día tuvieron un error,
el mismo que tú podrías cometer.
No han matado ni robado un banco,
por lo general, solo delitos menores,
pequeñas faltas o grandes destinos,
       quién puede saberlo.

Algunas quitaron para tener,
para tener un techo,
      un plato, una lumbre,
otras traficaron para sobrevivir
      a la pobreza o la desesperanza.
Sea como sea, todas han dejado fuera
hijos, madres, un hogar,
y descuentan los latidos de su añoranza
      sin pausa ni sosiego.

Nosotras les llevamos versos
y ellas nos devuelven gratitud,
les leemos relatos
y nos regalan sonrisas,
      quizás alguna lágrima.
Nosotras les quitamos mucha cárcel,
nos dicen,
y ellas nos ofrecen su historia, envuelta
      en el olor de las nubes.

DOS MUJERES

Las veo ahí, confiadas
hablan, miran, ríen, gesticulan, beben,
sé que desean aunque no las conozco.
Leo sus gestos y sus caras tan indiferentes,
tan ajenas a mí
que no volveré a pensar en ellas,
o eso creo, sería lo esperable.

Pero han entrado en mi mente
        ¿por qué?
la invaden, la interpelan, hasta la molestan
porque son el reverso de algo
que podría llamar mi sueño.
        Y, veamos,
¿qué realidad colma mi sueño?
¿qué día o qué noche?
¿qué mirada o qué palabra?
¿qué idea o qué brazos?
Y, sin embargo, no lo olvido.

Ellas viven.

ATRÁS, MUY ATRÁS

Tanto tiempo esperar como forma de vida
atrapada cual Penélope en un hilo interminable,
hilvanando días, destejiendo noches.

Aprendió a vivir en una espera paciente y estéril,
creyendo que la vida se trataba de eso.

Solía esperar que acabara el curso
para nadar en una piscina en la que, sobre todo,
nadaban sus hermanos.
Esperaba el final del verano, la canícula y
las tardes de libros,
que acabara el tedio y la ciudad vacía.
Esperaba el juego para aprender a jugar
lo que más tarde prometía ser más que un juego.
Esperaba la noche para poder esperar el día
esperando que trajera una emoción nueva,
más emocionante.
Esperaba a su padre,
aunque solo fueran cinco minutos,
para que su madre dejara de esperar.

Esperaba lo que la vida prometía en su versión oficial
y según sus mayores era obligado esperar.

Esperarlo a él,
esperar y esperar.

Aún amanecen días en que la espera
intenta sentarla de nuevo en una silla de enea
pequeña y pasiva.

Mirada desde esta confiada distancia,
aquella espera sempiterna y absurda
la ha curado.

Estamos heridas por la vida.
Innumerables fotos
infinitas imágenes
incontables palabras
      nos han ocultado.
Las atravesamos sin cesar
para salir a la luz
borrar el silencio
derribar la losa cruel.
Y reconstruir incansablemente
      una historia más verdadera.

SE FUE SIN QUERER

Antes de llevarse la vida
arrasó con todo
      lo que amábamos de ella,
su fortaleza y su arrojo,
su humor y su templanza,
las frases que siempre repetiremos
recordando su sabiduría
      y su afición a la barra de un bar.

Trajo temblor a su cuerpo
y anegó de delirio sus ojos,
dejándole solo
el balbuceo de unas palabras
y el lamento de pequeñas quejas.

Sin avisar
tiró por la ventana la conciencia,
el aire y la razón,
ni despedirse pudo,
      solo nos dejó.

El único sentido lo trajo
      la irreparable muerte.

XX

Bucear entre los significados de una dotación.
Nadie la ha visto
y todo el mundo parece de acuerdo.
Naciste así, así es tu vida
    y así morirás.
Una minúscula hélice de moléculas
marca tu destino,
ni tú ni los otros tenéis salida
de esa vía estrecha y cruel.
Para hacer y para hacerte,
pensar y ser pensada,
soñar y que te sueñen,
amar y recibir amor.

Elige el verbo que quieras
y las formas de conjugarlo están fijadas
    para siempre.
Está escrito y se llama XX.

COMO APSARAS EN ANGKOR

Manda la tradición
a su lugar de origen,
rompe la amarra
que te ata y te sujeta
a una leyenda esclava,
una fábula que simula belleza
y solo te da cadenas
      y papel cartón.

Quema esa antigualla adorada
      por los que escaparon de ella
y la cultivan para ti
      como una reliquia.

Pon los mitos y los ritos
en una vitrina
      y ciérrala con llave.

Mira solo su resplandor
a través de un cristal que los conserve
      eternamente alejados de ti.

Son pura mentira.

HASTA CUÁNDO

Qué largo camino, ¿hasta cuándo?
siempre mirando a la cara,
buscando los ojos de la autoridad
siempre, antes de dar el paso,
de decir la palabra, de coger la cosa.

Antes de avanzar. Siempre.

Hay una profunda sutileza
en las formas de mendigar permiso.
Ni tú misma sabes lo que estás haciendo,
te parece que piensas,
que hablas, que eliges,
pero estás pidiendo permiso.

Hoy me he cruzado con una mujer
que esperaba algo más que una opinión,
ella no sabía que pedía permiso
y le han dicho que no, se lo han denegado,
el pequeño gesto que buscaba
ha muerto sin salir a la luz.

Nunca habrá constancia de ese inocente deseo
que acabó sepultado junto a tantos,
tantos que llenan el planeta de escombros,
de ruinas que podrían haber construido
un mundo diferente,
        quizás un mundo mejor.

ABRIL. MARA

Amanece un día tras la noche de espera
impaciente, incluso temerosa,
medio sueño, medio angustia desvelada.

Apenas amanece y ya estoy deslumbrada
por el asombro interminable
que me traen ese cuerpo rosado, esos ojos
aún velados y ya contando.

De pronto, un día, miro esa cara
que apenas alcanza unas semanas de vida
y ahora llena mis ojos, forma de deleite cotidiano.

Anticipo solo lo imaginable, que es poco
pero es mucho y cierto.
Esta criatura pequeña y hermosa
va a ser una niña, una mujer. ¿Cómo es posible?

Nada es tan maravilloso como la existencia
y una bendición que se multiplica por dos.
Me paralizan una lágrima y una emoción
—de algún modo tengo que llamarla—
que no quiero perder.
Es lo que tienen los milagros: deseas que duren para siempre.

SILENCIO

Pero aun así, como el aire, me levantaré.
Maya Angelou

¿Alguna vez has dado un rodeo
para no sentir que te escupían un piropo?
Y has corrido calle abajo anhelando el silencio.

¿Alguna vez te han toqueteado en el autobús,
en la calle, en un cine?
Y has apretado la boca para detener la náusea.

¿Alguna vez un hombre ha querido ilustrarte
sobre lo que llevas leyendo desde los 20 años?
Y has recordado el placer de todo tu aprendizaje fecundo.

¿Alguna vez te ha humillado profesionalmente un colega?
Y te has cobijado en el calor de palabras amigas.

¿Alguna vez has recogido la cocina
mientras ellos charlaban y sesteaban?
Y has cantado para regresar a tus sueños.

¿Alguna vez has corrido por miedo en mitad de la noche?
Y has regresado a un lugar de paz dentro de ti.

¿Alguna vez se han masturbado en tu cara a plena luz del día?
Y has huido hacia un mar transparente y azul.

¿Alguna vez te han desairado
porque has hecho una intervención profesional
                    ante profesionales?
Y has alejado la cólera para poder respirar.

¿Alguna vez has callado ante un chiste
por no escuchar que careces de sentido del humor?
Y has reído contigo por esa perversa burla.

¿Alguna vez te han llamado exagerada y aguafiestas
por lamentar alguna de estas cosas?
Y has silenciado esa voz por no arruinar la diversión.

¿Alguna vez...?

Oigo un *vosotras*
y se abre una puerta, entro
a un nosotras soñado, vivido,
un nosotras material, simbólico,
rebelde, transgresor,
cambiante, múltiple,
creador,
            siempre en conversación.

Oigo un *vosotras* y leo un *nosotras*,
regreso a un recuerdo
            o una aurora,
una posibilidad
            o una quimera,
una emoción,
            casi una lágrima.

Lo dice otro,
            resuena en mí.

Vine a verificar el daño
Adrienne Rich

Cuántas y cuántas y cuántas
semillas, abono, riego fino,
alimento de cuerpos,
cuidado de almas.

Visten de negro y emanan luz.
Llevan fusiles y disparan paz.
Sufren pobreza y regalan vida.
Tienen hambre y entregan pan.
Soportan cárcel y gritan libertad.
Las expulsan de sus campos
y cosechan manos para sembrar.
Ellas salvan el mundo
y el mundo no las conoce.

Sus gestos y sus gestas
me conmueven,
        desbordan cualquier emoción.
Son mis hermanas.

ÍNDICE

NUESTRO MAR

SONAMBULOS
EDICIONES